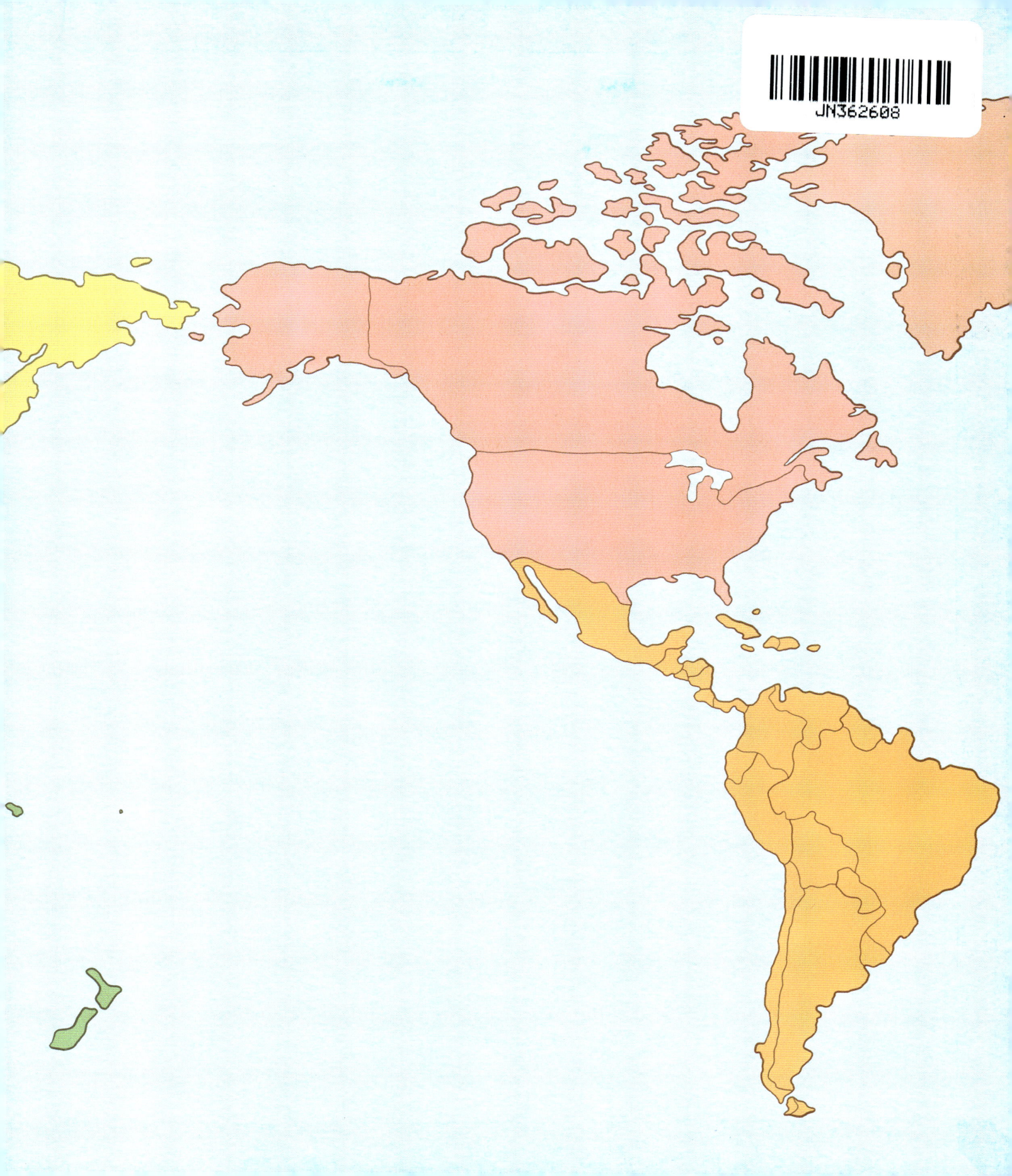

글 | 이영민
성균관대학교 국어국문학과를 졸업했습니다.
동화 작가들의 모임에서 어린이 책 작가로, 출판사에서 기획편집자로 일했으며,
지금은 어린이들의 지식과 정서의 밑바탕이 될 좋은 책을 쓰기 위해 노력하고 있습니다.
쓴 책으로는 〈옛날 왕들은 똥을 누고 무엇으로 닦았을까?〉, 〈사라지거나 달라진 우리 옛 직업〉,
〈왜 0등은 없을까?〉 등이 있습니다.

그림 | 김현주
어릴 때부터 온 집 안 구석구석 낙서를 일삼던 아이가 커서
그림 공부를 제대로 하여 사람들을 기쁘게 하고 싶다는 생각을 했습니다.
대학에서 서양화를 공부하고 어린이를 위한 책과 어른을 위한 책,
제품과 광고에 그림을 그리고 있습니다.
그린 책으로는 〈혼자서도 잘해요〉, 〈부처님 코는 어디로 갔나〉,
〈호랑이와 메아리〉 등이 있고, '에버랜드' 동물원 벽화를 그렸습니다.

**누리 세계문화 02 일본  요코의 화과자**

글 이영민 | 그림 김현주 | 펴낸이 김의진 | 기획편집총괄 박서영 | 편집 정재은 이영민 김한상 | 글 다듬기 박미향 | 디자인 수박나무
제작·영업 도서출판 누리 | 펴낸곳 Yisubook | 주소 경기도 고양시 일산동구 일산로67, 3층 | 고객상담실 080-890-7000
잘못된 책은 바꾸어 드립니다. 이 책에 실린 글이나 그림을 무단으로 복사, 복제, 배포하는 것을 금합니다.
△1. 사람을 향해 던지거나 떨어뜨리지 마십시오. 2. 고온 다습한 장소나 직사광선이 닿는 장소에는 보관하지 마십시오.

# 요군의 화과자

글 이영민   그림 김현주

학교에서 돌아온 요코는 가게 안으로 뛰어들었어요.
"아빠, 미키는 부모님이랑 벚꽃 놀이 간대요.
우리도 가요."
"아빠는 너무 바쁘고 가게도 닫을 수가 없잖니.
내년엔 꼭 함께 가자."
아빠는 요코를 달랬어요.
요코가 해마다 졸랐지만 한 번도 함께 간 적이 없어요.
요코네 집은 6대째 대대로
교토에서 유명한 화과자 가게를 하고 있어요.
'언젠간 네가 이 가게를 물려받겠지!'
아빠는 언제나 이렇게 말씀하시곤 했어요.

요코는 결국 미키네와 벗꽃 놀이를 갔어요.
벚꽃이 예쁘게 핀 공원에는
온통 즐겁게 보내는 가족들로 가득했어요.
하지만 요코의 표정은 시무룩했어요.
"쳇, 이따위 벚꽃 놀이 하나도 재미없어."
예쁘게 싼 도시락도 맛이 없게 느껴졌지요.
그날 저녁, 요코는 아빠에게 소리쳤어요.
"난 이런 낡은 화과자 가게 따윈 하지 않을 거예요.
벚꽃 놀이도 못 가잖아요!"

다음 날,
요코는 슬픈 표정을 짓던 아빠의 모습이 떠올라
삐거덕삐거덕 낡은 마루를 지나 안방으로 갔어요.
그런데 아빠가 배낭을 메고 나오는 거예요.
"요코, 우리도 여행 가자!"
요코는 아빠와 함께 집을 나섰어요.
아빠는 가게 유리창에 종이를 붙였어요.
'죄송합니다. 사정이 있어 쉽니다.'

"여행을 떠나기 전에 소원을 빌어야지."
아빠와 요코는 마을 뒷산에 있는 *신사에 갔어요.
결혼이나 생일, 시험 등을 맞아
소원을 빌러 온 사람들이 보였어요.
아빠와 요코도 수세소에서 손을 씻고 배전함으로 갔어요.
함에 돈을 넣고 함께 소원을 빌었지요.
'아빠와 함께 즐거운 여행이 되게 해 주세요.'
"아빠는 뭐라고 빌었어요?"
아빠는 빙그레 웃기만 할 뿐 대답하지 않았어요.

아빠와 요코는 일본에서 가장 높은 후지 산을 보러 갔어요.

"어? 할아버지의 화과자랑 모양이 똑같아요."

"맞아. 할아버지는 일본을 대표하는 화과자를 만들고 싶으셨대.
그래서 후지 산 모양으로 만든 거야."

아빠는 오래된 공책을 보여 주었어요.

"우리 조상들은 대대로 자신만의 화과자를 개발하고
만드는 법을 여기에 적어 두었단다."

요코는 조상들이 자랑스럽게 느껴졌어요.

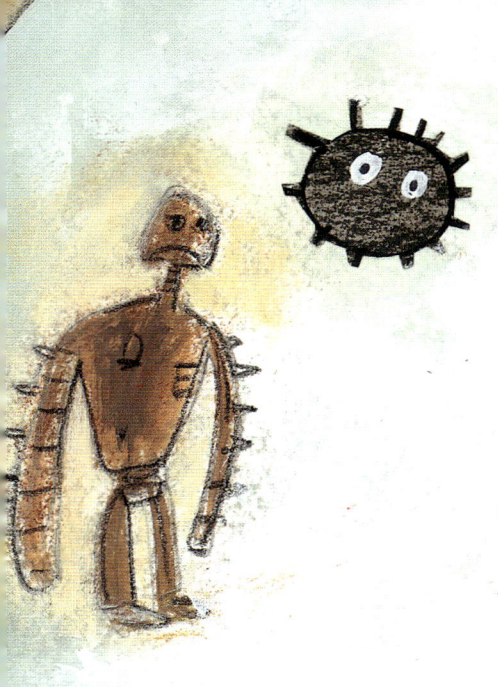

"아빠, 지브리 미술관에 가 보고 싶어요!"
지브리 미술관은 유명한 애니메이션 스튜디오예요.
요코는 만화 영화를 만드는 사람이 되고 싶었어요.
"우와, 토토로랑 고양이 버스예요."
"요코, 꼭 화과자 가게를 하지 않아도 좋아.
아빤 네가 하고 싶은 일을 하며 행복하길 바라.
신사에서 빈 소원도 그거란다."
요코는 아빠에게 마음을 들킨 것 같아 얼굴이 빨개졌어요.

다음으로 간 곳은 북쪽의 홋카이도였어요.
따뜻한 *노천탕에 들어가 있으니 기분이 좋아졌어요.
이곳은 아빠 엄마의 추억이 담긴 곳이래요.
"아빠는 어렸을 때부터 화과자 만드는 법을 배웠어.
하지만 가게에 틀어박혀 일만 하는 게 답답했지.
그래서 무작정 도망쳐서 여행을 떠났는데
이곳에서 눈꽃처럼 예쁜 네 엄마를 만났단다."
"아빠가 엄마한테 눈꽃 모양 화과자를 주면서 청혼했지요?"
요코는 아빠도 화과자 만드는 게 싫어 도망쳤다는 게 신기했어요.

교토로 돌아왔을 때 마침 축제인 *마쓰리가 열렸어요.
아오이 꽃과 전통 의상으로 꾸민 사람들이
길게 줄지어 행진을 시작했어요.

"아빠, 가장행렬의 주인공이 지나가요!"
"교토에서 태어나 자란 여자들 중에서 뽑는단다.
우리 요코도 나중에 뽑힐지 몰라."
요코는 수레에 탄 자신의 모습을 상상해 보았어요.

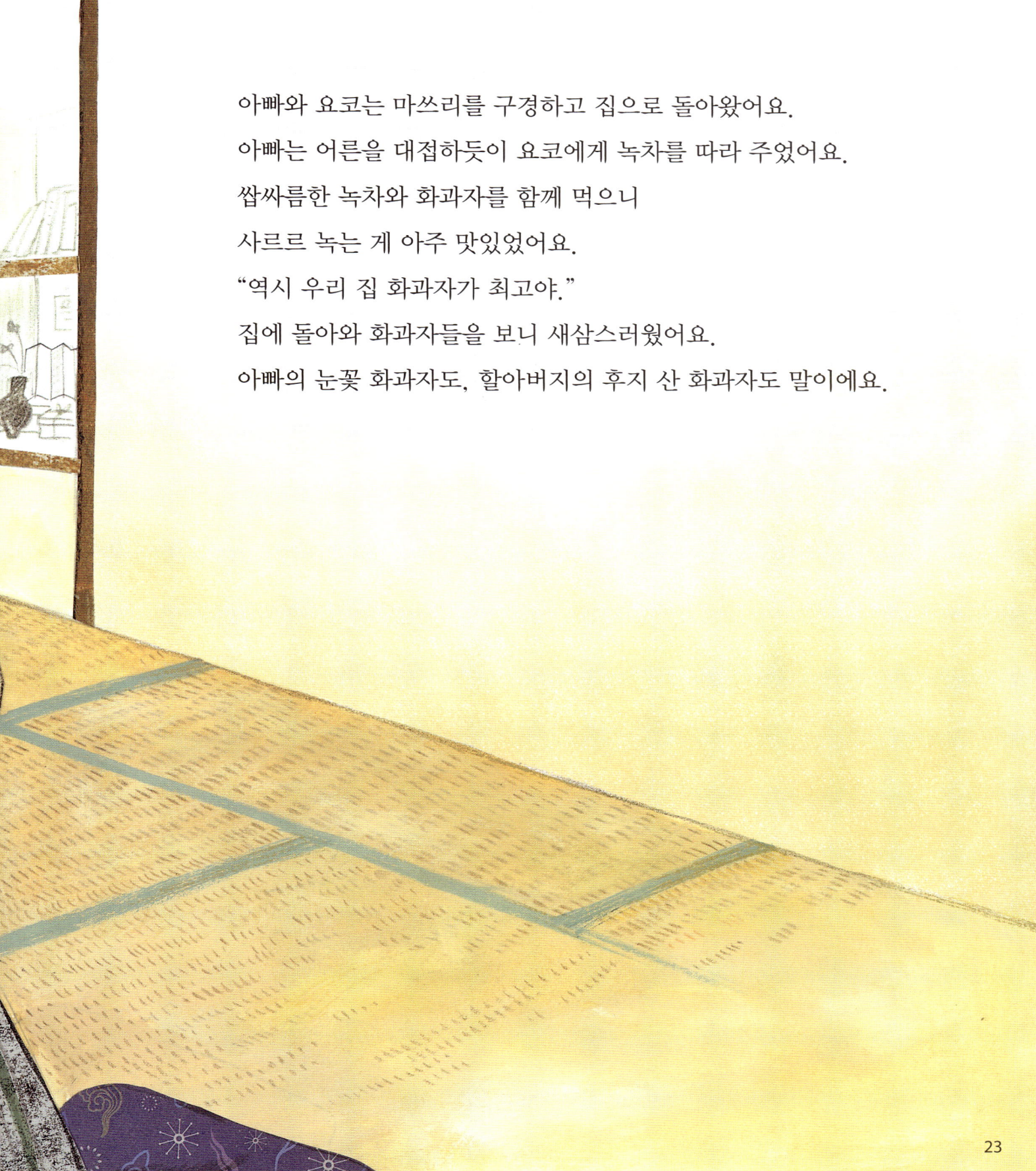

아빠와 요코는 마쓰리를 구경하고 집으로 돌아왔어요.
아빠는 어른을 대접하듯이 요코에게 녹차를 따라 주었어요.
쌉싸름한 녹차와 화과자를 함께 먹으니
사르르 녹는 게 아주 맛있었어요.
"역시 우리 집 화과자가 최고야."
집에 돌아와 화과자들을 보니 새삼스러웠어요.
아빠의 눈꽃 화과자도, 할아버지의 후지 산 화과자도 말이에요.

다음 날, 요코는 아빠의 주방으로 갔어요.

반죽을 만들고, 반죽에 색을 입히고, 달콤한 속을 만들었어요.

요코는 예쁘게 모양을 내어 새로운 화과자를 만들기 시작했어요.

아빠는 문밖에서 요코를 보며 빙그레 미소를 지었어요.

"아빠, 다 됐어요, 요코의 1호 화과자."
"토토로와 호빵맨이로구나!"
"만화 영화를 좋아하는 어린이들을 위한 화과자예요!"
"제법인걸. 아빠도 어렸을 때 만화를 좋아했어.
특히 아톰을 좋아했지."

며칠 후, 요코네 가게는 다시 문을 열었어요.
"와, 새로운 화과자를 만드셨네요.
이건 우리 아들이 정말 좋아하겠어요."
아빠와 요코의 합작품인 새 화과자는
날개 돋친 듯 팔려 나갔답니다.

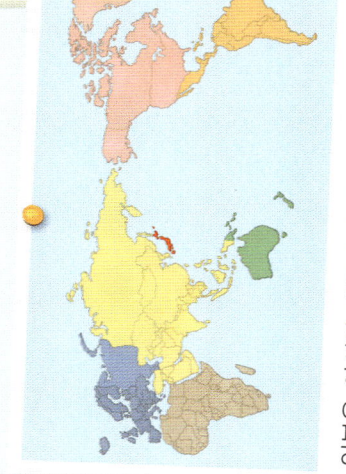

일본은 아시아 대륙에서 동쪽으로 떨어져 있는 섬나라야. 약 6,800개의 섬으로 이루어져 있지.

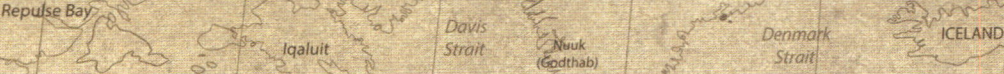

홋카이도

삿포로

## 여기는 일본!

| | |
|---|---|
| 정식 명칭 | 일본 |
| 위치 | 아시아 대륙 동쪽 |
| 면적 | 약 37만 7천km² |
| 수도 | 도쿄 |
| 인구 | 약 1억 2,710만 명 |
| 언어 | 일본어 |
| 나라꽃 | 벚꽃 |

### 교토

일본의 옛 수도였어. 794년부터 약 400년 동안 일본의 수도였지. 역사가 오래된 절과 궁궐 등이 많아.

**도쿄**

일본의 수도야. 정치, 경제, 문화의 중심지이지. 천황이 사는 궁성도 도쿄에 있어. 인구가 1,000만이 넘는, 일본에서 가장 큰 도시야.

**고베**

일본의 중요한 무역 도시야. 1995년 큰 지진이 일어나 많은 사람이 죽고 건물들이 무너졌지. 일본은 지진이 자주 일어나.

# 신칸센 타고 신나는 도쿄 여행

신칸센은 일본의 고속 철도 이름이야. 세계 최초의 고속 철도로 유명하지. 속도가 아주 빨라서 일본 어디든지 하루 만에 갈 수 있대. 신칸센을 타고 도쿄를 둘러볼까?

### 에펠 탑과 닮은 도쿄 타워

도쿄 타워는 일본에서 가장 높은 건축물이야. 파리의 에펠 탑을 본떠 만들었지만, 에펠 탑과 다르게 보이려고 붉은색으로 칠했어. 도쿄 타워는 여러 방송국이 보내는 전파를 받는 안테나 역할을 하기도 해. 전망대에 올라가면 도쿄 시내를 한눈에 볼 수 있어.

## 천황의 영혼을 모신 메이지 신궁

일본의 왕들을 기리기 위해 만든 곳이 신궁이야. 메이지 신궁은 일본을 발전시키는 데 앞장서 일본 사람들에게 가장 존경받는 메이지 천황 부부의 영혼을 모셔 놓은 곳이지. 메이지 신궁에는 일본 방방곡곡에서 옮겨 온 좋은 나무가 12만 그루나 있단다.

일본에는 화산이 많아.

## 일본에서 가장 높은 후지 산

후지 산은 일본에서 가장 높은 산이야. 꼭대기는 일 년 내내 눈으로 덮여 있어. 후지 산은 수십만 년 전 화산이 폭발하면서 생겨났어. 일본 사람들은 후지 산을 신성한 산으로 여긴단다.

## 알록달록 누리

# 이런 게 궁금해요!

아이들이 좋아하는 만화 캐릭터 호빵맨과 아톰은 일본에서 만들어진 거야. 맛있는 우동과 초밥도 일본 음식이지. 일본에 대해 궁금한 게 많아. 그들이 사는 집, 입는 옷 등에 대해 알아보자.

### 다다미는 왜 까는 거지?

일본은 비가 자주 와서 습기가 많아. 그래서 나무로 집을 짓고, 방바닥에는 다다미라는 돗자리를 깔지. 다다미는 속에 짚을 두껍게 넣고, 겉에는 돗자리를 대어 꿰맨 커다란 방석이야. 다다미를 깔면 여름에는 덜 눅눅하고, 겨울에는 덜 춥지.

### 기모노는 어떻게 입지?

기모노는 일본의 전통 옷이야. 소매가 넓은 기다란 옷인데, 끈이나 단추가 없어서 넓은 천으로 허리를 둘러 묶어야 해. 일본 사람들은 지금도 결혼식이나 중요한 행사가 있을 때는 기모노를 입어.

## 일본 사람들은 설에 무얼 먹지?

일본 사람들은 설날에 오세치 요리를 먹어. 오세치 요리는 다섯 가지 요리법으로 만든 음식으로 색깔도 맛도 다섯 가지란다. 가족이 오래오래 건강하게 살기를 바라는 마음이 담겨 있대.

## 일본에도 어린이날이 있어?

3월 3일은 여자 어린이들의 날이야. 여자 어린이를 뜻하는 예쁜 인형을 만들어서 장식하고, 친구나 친척들을 불러서 파티를 하지. 남자 어린이의 날도 있어. 5월 5일이지. 이날은 씩씩한 무사 인형을 장식하고, 여러 종류의 깃발을 달아. 남자 어린이가 건강하게 자라길 기원하는 거야.

## 스모가 뭐야?

스모는 일본을 대표하는 운동이야. 한 해 농사가 끝나면 신들에게 감사드리기 위해 열렸던 행사에서 시작되었대. 두 명의 선수가 힘겨루기를 하면서 선 밖으로 밀려나가거나 몸의 다른 부분이 땅에 닿으면 지는 경기야.

**일러두기**
1. 맞춤법, 띄어쓰기는 국립국어원에서 펴낸 〈표준국어대사전〉을 기준으로 삼았습니다.
2. 외국 인명, 지명은 국립국어원의 〈외래어 표기 용례집〉을 따랐습니다.

**사진제공**
토픽이미지, 유로크레온, 연합뉴스, Gettyimages, Imagekorea, 몽골문화촌

## 재미있는 누리 세계문화

**아시아**
- 01 중국 | 황제를 만난 타오
- 02 일본 | 요코의 화과자
- 03 베트남 | 할아버지는 어디 계실까?
- 04 태국 | 무아이타이 고수를 찾아라
- 05 필리핀 | 차코의 소원
- 06 인도네시아 | 엄마와 함께 바롱 댄스를
- 07 몽골 | 게르에서 살까?
- 08 네팔 | 정말 예티일까?
- 09 인도 | 하누만, 소원을 들어주세요
- 10 사우디아라비아 | 지금은 라마단
- 11 터키 | 할아버지의 마법 양탄자

**유럽**
- 12 영국 | 앨리스와 스펜서 백작
- 13 프랑스 | 소원을 들어주는 빵
- 14 네덜란드 | 여왕님의 생일 선물
- 15 독일 | 우리는 동화 마을 방위대
- 16 스위스 | 납치된 가족은 누구?
- 17 이탈리아 | 가방이 바뀌었어
- 18 그리스 | 주문을 외워 봐
- 19 에스파냐 | 엉뚱 할아버지의 집은 어디?
- 20 스웨덴 | 삐삐와 바이킹 소년
- 21 덴마크 | 레고랜드로 간 삼촌
- 22 러시아 | 나타샤의 꿈
- 23 체코 | 슈퍼맨 마리오네트
- 24 루마니아 | 도둑을 잡으러 간 소린

**아메리카**
- 25 미국 | 플루토 스팟을 찾아가요
- 26 캐나다 | 퍼레이드가 좋아
- 27 멕시코 | 사라진 태양의 왕국
- 28 쿠바 | 말랭이 영감 다리 나았네
- 29 브라질 | 삼촌의 선물
- 30 페루 | 고마워요, 대장 콘도르
- 31 칠레 | 펭귄을 데려다 주자

**아프리카**
- 32 이집트 | 파라오의 마음이 궁금해
- 33 나이지리아 | 힘차게 달려라, 나이지리아
- 34 케냐 | 마타타의 신나는 사파리 여행
- 35 남아프리카 공화국 | 루시와 마누는 친구

**오세아니아**
- 36 오스트레일리아 | 오페라 하우스를 그려 봐
- 37 뉴질랜드 | 하우, 너라면 할 수 있어
- 38 투발루 | 간장 아가씨, 바닷물을 조심해요

**주제권**
- 39 화폐 | 돈조아 임금님의 퀴즈
- 40 다문화 | 달라도 괜찮아
- 41 옷 | 외계인 빠송 옷 구경 왔네
- 42 신발 | 클로그를 신을까, 바부슈를 신을까?
- 43 음식 | 황금 포크는 내 거야
- 44 스포츠 | 똥아 덕아 운동 좀 하자
- 45 괴물 | 유치원에 괴물이 나타났어요

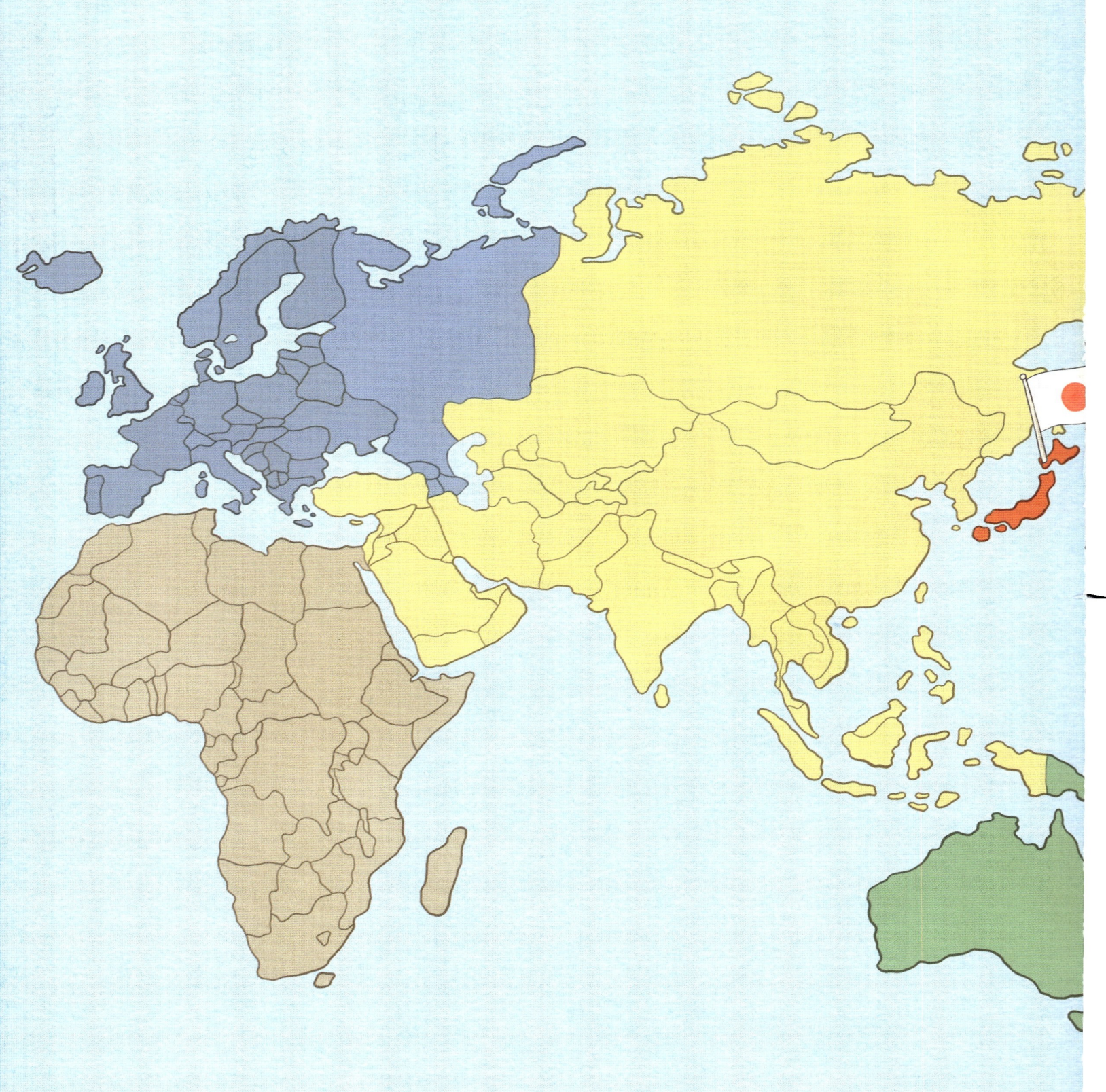